# 그림형제 동화로
# 한번에 키우기

**1**
예비 초등

책장속
BOOKS

예비 초등 문해력 향상 프로그램
**(그림형제 동화로) 한 번에 키우기 1**

초판 1쇄 발행 2022년 8월 15일

**집   필** 신효원
**펴낸이** 신호정
**펴낸곳** 책장속북스
**신고번호** 제 2020-000111호
**주소** 서울시 송파구 양재대로 71길 16-28 원당빌딩 4층
**대표전화** 02)2088-2887 ｜ **팩스** 02)6008-9050
**인스타그램** @langlab_kiz ｜ **블로그** blog.naver.com/langlab_kiz
**이메일** chaeg_jang@naver.com


**기 획 & 개 발** 어린이언어연구소
**편 집** 전유림 ｜ **웹마케팅** 이혜연
**삽 화** 이은서 ｜ **디자인** 이지숙

ISBN 979-11-91836-09-7
SET   979-11-972489-0-0(세트)

# 머리말

## 언어로 생각하고 표현할 수 있는 힘을 키워 줄 때입니다

국어 능력이 그 어느 때보다 강조되는 요즘입니다. 글을 읽을 수는 있으나 그 의미를 파악하기 어려워하는 아이들이 늘어 가고, 생각을 언어로 표현할 줄 아는 능력은 소수의 아이들만이 향유한 영역이 되어 가고 있기 때문입니다.

국어 능력의 밑바탕에는 생각할 줄 아는 힘이 있어야 합니다. 생각하며 글을 읽고 그 생각을 표현해 보는 과정이 반복될 때 아이들의 국어 능력은 비로소 성장합니다. 이러한 과정을 꾸준히 거친 아이들은 글의 수준이 높아져도, 글의 길이가 길어져도 글의 맥락을 무리 없이 파악하고 내용과 어휘를 유추할 수 있으며 자기 생각을 표현할 수 있게 됩니다.

이 책은 '유아기 아이들의 국어 능력을 어떻게 하면 건강하고 탄탄하게 키워 줄 수 있을까?'에 대한 고민에서 출발했습니다. 짧은 글을 읽고 단편적인 문제를 기계적으로 풀어 보는 과정은 아이들의 국어 능력 향상에 도움이 되지 않습니다. 그렇기에 이야기를 읽으며 이런저런 생각 주머니를 꺼내 보고 인물의 감정을 추측해 보고 자기 생각을 표현해 보는 과정을 이 책에 담아내고자 노력했습니다.

**한키**는 하나의 이야기를 이렇게 읽어 달라는 당부가 들어 있는 책입니다. **한키**를 통해 유아기 아이들이 바람직한 읽기 과정을 연습하고 그것을 습관화할 수 있게 되기를, 언어를 바탕으로 다양한 생각을 한 번이라도 더 해 보는 기회를 가질 수 있기를 기대합니다.

국어 능력은 '생각'이라는 밑거름을 바탕으로 글의 이해와 유추, 표현의 과정이 유기적으로 이루어져야 향상됩니다. **한키**를 통해 아이들이 우리말로 생각하고 추측하고 우리말을 자유자재로 사용해 볼 수 있는 출발점을 마련할 수 있었으면 좋겠습니다. 우리 아이들의 국어 능력이 건강하게 커나갈 수 있기를 간절히 바랍니다.

저자 신효원

**저자 소개**
현 어린이언어연구소 소장
이화여자대학교 국어국문학
이화여자대학교 국제대학원 한국학 석사
이화여자대학교 국제대학원 한국학 박사 수료

# 입학 전 바로 하는 〈한 번에 키우기〉

## 🥁 이제는 언어로 생각하는 연습을 시작할 때입니다

국어 능력은 생각하는 힘에서 출발합니다. 유아기부터 생각 주머니를 자유롭게 열어 볼 수 있는 언어 자극이 수시로 제공되어야 아이들은 언어로 생각하고 읽고 표현하는 힘을 기를 수 있습니다. 유아기부터 언어로 생각하는 습관을 잡을 수 있도록 도와주세요.

## 🥁 정해진 답안이 없는 문제를 자주 만나게 해 주세요

아이들의 국어 학습은 '정해진 답안이 없는 문제를 통해 자기만의 생각을 꺼내 보는 것'으로부터 시작되어야 합니다. 즉, 아이들이 흥미를 가지는 이야기를 '부담 없이 읽고' 그에 대해 '자유롭게 생각'하며 그것을 '거침없이 표현'하는 데에서 국어 능력은 발전합니다. 그렇기에 이야기를 어떠한 방식으로 해석하고 표현하는지에 따라 향후 아이들의 국어 실력은 천차만별이 되지요.

아이들의 이러한 능력을 키워 주기 위해서는 '쉽고 재미있는 이야기'와 '그것을 활용한 다양한 유형의 놀이 혹은 문제'가 우선되어야 합니다.

## 그래서 〈한 번에 키우기〉는 준비했습니다!

### 첫째,

아이들이 좋아하는 〈그림형제 동화〉를 지문으로 준비했습니다. 특히, 그림형제의 명작 동화 중 아이들의 호기심을 불러일으킬 4가지 이야기를 선정했습니다. 초등학교 입학을 앞둔 우리 아이들은 '브레맨 음악대', '헨젤과 그레텔', '구두장이 꼬마 요정', '룸펠슈틸츠헨' 이야기를 통해 국어 공부에 대한 거부감 없이 국어 학습을 시작할 수 있습니다.

추가로 생동감 넘치는 삽화가 수록되어 있어 이야기의 흐름을 파악하기 쉬울뿐더러, 이어질 내용을 상상해 볼 수 있습니다. 아이들의 흥미를 자극하는 '재미있는 글 읽기'가 이루어지길 기대합니다.

### 둘째,

이야기를 읽으며 그 안에서 사고, 어휘, 독해, 표현 4가지 영역의 능력을 통합적으로 향상할 수 있는 장치를 준비했습니다. 〈한 번에 키우기〉 시리즈만의 4가지 유형으로 구성된 통합 국어 학습프로그램입니다.

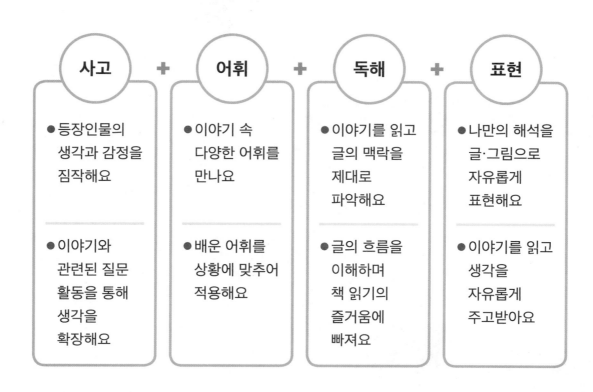

| 사고 | + | 어휘 | + | 독해 | + | 표현 |
|---|---|---|---|---|---|---|
| ● 등장인물의 생각과 감정을 짐작해요 | | ● 이야기 속 다양한 어휘를 만나요 | | ● 이야기를 읽고 글의 맥락을 제대로 파악해요 | | ● 나만의 해석을 글·그림으로 자유롭게 표현해요 |
| ● 이야기와 관련된 질문 활동을 통해 생각을 확장해요 | | ● 배운 어휘를 상황에 맞추어 적용해요 | | ● 글의 흐름을 이해하며 책 읽기의 즐거움에 빠져요 | | ● 이야기를 읽고 생각을 자유롭게 주고받아요 |

# 〈한 번에 키우기〉의 구성 & 활용법

- 〈그림형제 동화로 한 번에 키우기 1〉에는 총 4편의 그림형제 동화 전문이 지문으로 담겼습니다.
- 아이들은 한 주차(5일 분량)마다 1편의 이야기를 읽고 관련 문제를 풀어 보는 시간을 가집니다.
- 학습 과정은 총 4주(20일 분량)에 걸쳐 완료됩니다.

## PART 1. 생각하며 준비해요

이야기를 읽기 전, 이야기의 내용을 짐작하고 생각을 나누어 보는 단계입니다.

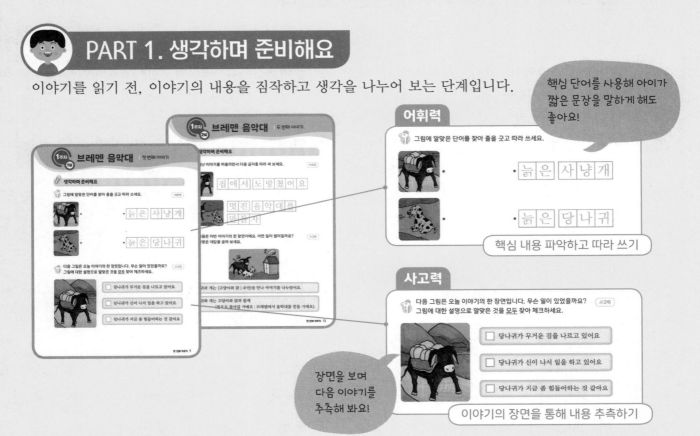

핵심 단어를 사용해 아이가 짧은 문장을 말하게 해도 좋아요!

**어휘력**

핵심 내용 파악하고 따라 쓰기

**사고력**

장면을 보며 다음 이야기를 추측해 봐요!

이야기의 장면을 통해 내용 추측하기

## PART 2. 생생하게 읽어봐요

그림형제의 4가지 명작 〈브레멘 음악대〉, 〈헨젤과 그레텔〉, 〈구두장이 꼬마 요정〉, 〈룸펠슈틸츠헨〉의 전문을 읽는 단계입니다.

소리나 모양을 흉내 내는 의성어·의태어를 강조해 더욱 생동감 있게 읽어요!

한 발짝 한 [발짝] ... 던 중이었어요.
"헥헥, 헥헥…."
늙은 사냥개 한 마리가 쭈그려 앉아 거친 숨을 몰아쉬고 있었어요.

"... 사냥개야, 달리기 시합이라도 하고 온 거니?"
"... 아니, 주인이 날 죽이려 해서 얼른 도망쳤어. 젊었을 땐 주 ... 을 위해 열심히 사냥했는데, 이제는 내가 필요 없어진 거지."

순간을 생생하게 담은 동화 삽화를 통해 읽는 즐거움을 더해요!

부모와 아이가 함께 소리 내어 읽어 보면 더 좋아요!

# PART 3. 재미있게 풀어요

이야기를 읽은 후 내용과 관련된 다양한 문제를 통해 사고력·어휘력·독해력·표현력 등의 통합 국어 능력을 키웁니다.

**독해력**

> 당나귀와 사냥개는 모두 집에서 도망쳐 나왔어요. 그 이유로 알맞은 것에 ♡를 그리세요.

| 집에서 사는 것이 지겨워져서 | |
| 달리기 시합을 하고 싶어서 | |
| 주인이 그들을 필요 없다 생각해서 | |

답을 찾기 어렵다면 지문으로 돌아가 함께 천천히 읽어 보세요.

*원인과 결과 파악하기*

**사고력**

> 다음은 당나귀와 사냥개에게 있었던 일이에요. 그때 기분이 어땠을까요? 알맞은 대답을 모두 찾아 색칠하세요.

집에서 도망쳐 나왔어요 → 슬퍼요 / 기뻐요 / 서운해요

브레멘 음악대를 만들기로 했어요 → 서러워요 / 신나요 / 희망차요

*등장인물의 감정과 생각 이해하기*

아이의 상황에 그대로 적용해 공감, 상상하게 해도 좋아요!

표현 방식에 정답은 없어요. 자유롭고 다채롭게 표현하도록 이끌어 주세요!

**표현력**

> 여러분들은 어떤 옷과 신발을 만들어 줄 것 같아요? 만들고 싶은 옷과 신발을 설명하는 말을 모두 고르고 자유롭게 꾸며 보세요.

따뜻하다 / 화려하다 / 반짝거리다 / 편하다

*자유롭게 생각하고 표현하기*

· 이야기의 흐름 파악하기
· 세부 정보 파악하기
· 이야기의 장면 상상하기 등
※ 그 외 다양한 문제로 구성되어 있습니다.

# 아이 생각 키우는 부모 TIP

아이가 아닌 '부모'를 위한 가이드입니다!

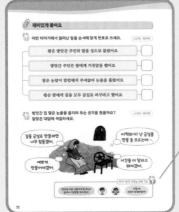

아이 생각 키우는 부모 Tip

OO이는 다른 사람에게 잘 보이고 싶어서 거짓말한 적이 있어?

어떨 때 눈앞이 캄캄해질까?

이야기의 중심 내용과 관련된 일상의 질문을 아이에게 가볍게 던져 주세요. 아이와 생각을 주고받으며 서로의 생각의 틀을 넓힐 수 있어요.

# 차례

## 생각하며 준비해요

 그림에 알맞은 단어를 찾아 줄을 긋고 따라 쓰세요. (어휘력)

•

• 늙 은 사 냥 개

•

• 늙 은 당 나 귀

 다음 그림은 오늘 이야기의 한 장면입니다. 무슨 일이 있었을까요? (사고력)
그림에 대한 설명으로 알맞은 것을 <u>모두</u> 찾아 체크하세요.

☐ 당나귀가 무거운 짐을 나르고 있어요

☐ 당나귀가 신이 나서 일을 하고 있어요

☐ 당나귀가 지금 좀 힘들어하는 것 같아요

한 당나귀가 오랫동안 주인을 위해 곡식을 옮기는 일을 했어요. 하지만 세월이 흐르자 늙은 당나귀는 힘이 약해졌어요. 곡식을 나르다가도 금방 멈춰 서곤 했지요.

"이런 쓸모없는 당나귀 놈! 데리고 있어 봤자 밥값만 들 테니, 시장에 가서 이놈을 팔아야겠어!"

늙은 당나귀는 그 말을 듣고는 깜짝 놀라 집에서 도망쳐 나왔어요.

"평생을 당신을 위해 일했는데, 고작 늙었다는 이유로 날 버리다니! 하지만 괜찮아. 난 브레멘에 가서 멋진 음악가가 될 테야!"

한 발짝 한 발짝 당나귀가 열심히 길을 가던 중이었어요.

"헥헥, 헥헥…."

늙은 사냥개 한 마리가 쭈그려 앉아 거친 숨을 몰아쉬고 있었어요.

"사냥개야, 달리기 시합이라도 하고 온 거니?"

"아니, 주인이 날 죽이려 해서 얼른 도망쳤어. 젊었을 땐 주인을 위해 열심히 사냥했는데, 이제는 내가 필요 없어진 거지."

"이런, 안타깝구나. 그럼 나랑 같이 브레멘으로 가지 않을래? 우리 함께 멋진 음악대를 만드는 거야!"

"나야 좋지!"

## 재미있게 풀어요

 당나귀와 사냥개는 모두 집에서 도망쳐 나왔어요.
그 이유로 알맞은 것에 ♡를 그리세요.

집에서 사는 것이 지겨워져서 ☐

달리기 시합을 하고 싶어서 ☐

주인이 그들을 필요 없다 생각해서 ☐

 다음은 당나귀와 사냥개에게 있었던 일이에요. 그때 기분이
어땠을까요? 알맞은 대답을 <u>모두</u> 찾아 색칠하세요.

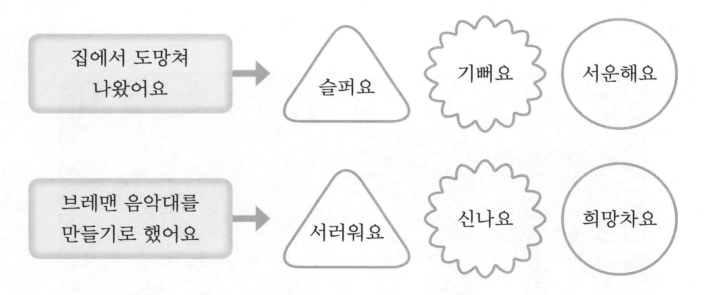

집에서 도망쳐
나왔어요 → 슬퍼요   기뻐요   서운해요

브레맨 음악대를
만들기로 했어요 → 서러워요   신나요   희망차요

아이 생각 키우는 부모 Tip

○○이가 당나귀였다면
어떻게 했을 것 같아?   브레맨 음악대에서 동물들은
어떤 음악을 연주할까?

📎 **생각하며 준비해요**

 지난 이야기를 떠올리면서 다음 글자를 따라 써 보세요. (어휘력)

| 집 | 에 | 서 | | 도 | 망 | 쳤 | 어 | 요 |
|---|---|---|---|---|---|---|---|---|

| 멋 | 진 | | 음 | 악 | 대 | 를 |
|---|---|---|---|---|---|---|

| 만 | 들 | 자 |
|---|---|---|

 다음은 이번 이야기의 한 장면이에요. 어떤 일이 벌어질까요? 알맞은 대답을 골라 보세요. (사고력)

당나귀와 개는 (고양이와 닭 | 주인)을 만나 이야기를 나누었어요.

당나귀와 개는 고양이와 닭과 함께
(집으로 돌아갈 거예요 | 브레멘에서 음악대를 만들 거예요).

당나귀와 사냥개는 도란도란 이야기하며 걸었어요. 그런데 길가에 축 늘어져 있는 늙은 고양이 한 마리가 보였어요.

"고양이야, 너는 왜 이렇게 힘없이 있는 거니?"

늙은 고양이는 한숨을 푹 내쉬며 말했어요.

"주인이 날 미워하는 것 같아. 빛나던 털은 꼬질꼬질해지고, 날카롭던 이도 무뎌졌거든. 어렸을 땐 귀여워하더니 이제는 쥐 한 마리도 제대로 못 잡냐며 어찌나 구박하는지…."

당나귀는 슬픈 눈을 한 고양이에게도 손을 내밀었어요.

당나귀와 사냥개, 고양이가 어느 농가를 지날 때였어요.

"꼬끼오오오오!"

이번에는 웬 늙은 닭이 대문 위에서 꺼이꺼이 울고 있었어요.

"닭아, 왜 그리 구슬프게 우는 거니?"

"흑흑, 주인이 늙고 병든 나를 요리해서 맛있는 수프를 만들 거래."

"에고, 가엾어라. 너도 우리와 브레멘에 가서 음악대를 만들 자. 네 목소리는 정말 독특해서 좋거든!"

닭은 기쁜 마음으로 따라나섰어요.

## 재미있게 풀어요

 고양이와 닭은 무엇을 했어요? 왜요?
알맞은 대답을 찾아 줄을 이으세요.

무엇을?

왜?

힘없이 있었어요 •

쥐를 잡았어요 •

• 주인이 미워해서

슬프게 울었어요 •

• 주인이 좋아해서

스프를 만들었어요 •

 당나귀는 슬픈 눈을 한 고양이에게도 손을 내밀었어요.
당나귀는 고양이에게 무슨 말을 했을까요? 알맞은 대답에 색칠하세요.

왜 쥐 한 마리도 못 잡는 거니?

같이 브레맨에 가서 음악대를 만들래?

너 노래를 정말 잘 부르는구나?

아이 생각 키우는 부모 Tip

당나귀가 브레맨으로 같이 가자고 했을 때 동물들의 마음은 어땠을까?

동물들에게 앞으로 무슨 일이 벌어질까?

## 📎 생각하며 준비해요

 지난 이야기를 떠올리면서 다음 글자를 따라 써 보세요. 〔어휘력〕

| 축 | 늘 | 어 | 져 | 있 | 어 | 요 |
|---|---|---|---|---|---|---|

| 구 | 슬 | 프 | 게 | 울 | 어 | 요 |
|---|---|---|---|---|---|---|

 동물들은 캄캄한 밤에 따뜻한 음식이 있는 집을 발견했어요. 〔사고력〕
그 집에는 도둑들이 있었어요. 동물들은 무슨 생각을 했을까요?
마음에 드는 말풍선을 찾아 색칠하세요. 없다면 생각을 자유롭게 써 보세요.

힘을 합쳐
저 도둑들을 몰아내자!

무서운 사람들이 있어.
얼른 도망치자.

저 사람들하고
같이 지내고 싶어.

배가 고파.
저기 있는 음식을
먹고 싶다.

동물들의 생각 :

해가 지고 캄캄한 밤이 되자 동물들은 숲에서 잠을 자려고 했어요. 그런데 그때, 나무 위로 올라간 닭이 말했어요.

"저쪽에 밝은 빛이 보여. 집이 있는 게 분명해!"

빛이 있는 곳에 다가가자, 창문으로 험상궂게 생긴 도둑들이 떠드는 모습이 보였어요. 식탁에는 따끈하고 먹음직스러운 음식들이 가득했지요. 넷은 침이 꼴딱꼴딱 넘어갔어요.

"우리 넷이 힘을 합치면 저 도둑들을 몰아낼 수 있지 않을까?"

"좋아! 그런데 어떻게 몰아내지?"

　　넷은 둥글게 모여 고민하다가 마침내 좋은 방법을 찾아냈
어요.

　　우선, 당나귀가 몸을 똑바로 세운 뒤 네 발에 힘을 '빡!' 주었
어요. 그러자 사냥개가 당나귀의 등 위에 힘껏 올라탔고, 이어
서 고양이가 사냥개의 등 위에 살포시 올라탔어요. 마지막으로
닭이 푸드덕거리며 날아 고양이의 등 위에 올라탔지요.

　　"자아! 하나, 둘, 셋!"

　　모두가 신호에
맞추어 각자의 소
리를 내기 시작했
어요.

　　"히이힝!"

　　"왈왈!"

　　"야옹야옹!"

　　"꼬끼오오!"

## 재미있게 풀어요

 밝은 빛이 나는 집 앞에서 동물들은 무엇을, 왜 했어요?

| 무엇을? | 왜? |
| --- | --- |
| ☐ 문을 두드렸어요 | ☐ 좋은 방법을 찾아내려고 |
| ☐ 맛있는 음식을 먹었어요 | ☐ 집으로 들어가서 음식을 먹으려고 |
| ☐ 도둑을 몰아내려고 해요 | ☐ 노래를 부르고 싶어서 |

 동물들이 한 행동을 순서에 맞게 번호로 쓰세요.

집 안에 있는 따뜻한 음식을 봤어요 ☐

빛이 나는 곳으로 다가갔어요 ☐

동물들은 서로 뭉쳐 소리를 냈어요 ☐

집 안에 도둑들을 몰아내려고 해요 ☐

아이 생각 키우는 부모 Tip

동물들이 내는 소리를 들은
도둑들은 뭐라고 했을까?

 **생각하며 준비해요**

 지난 이야기를 떠올리면서 다음 글자를 따라 써 보세요. (어휘력)

| 힘 | 을 | 합 | 쳐 | 도 | 둑 | 들 | 을 |
|---|---|---|---|---|---|---|---|
| 몰 | 아 | 내 | 자 | | | | |

| 좋 | 은 | 방 | 법 | 을 |
|---|---|---|---|---|
| 찾 | 아 | 냈 | 어 | 요 |

 지난 이야기의 마지막 장면이에요. 앞으로 어떤 일이 벌어질까요? (사고력·독해력)
알맞은 대답에 ☆을 그리세요.

> 모두가 신호에 맞추어 각자의 소리를 내기 시작했어요.
> "히이힝!" "왈왈!" "야옹야옹!" "꼬끼오오!"

| 도둑들이 밖으로 나와 동물들을 쫓아냈어요 | ☐ |
|---|---|

| 도둑들은 깜짝 놀라 허겁지겁 도망쳤어요 | ☐ |
|---|---|

괴상한 소리에 깜짝 놀란 도둑들이 창문을 바라보았어요. 그러자 정체 모를 괴물의 그림자가 보이는 게 아니겠어요?

"으악, 무시무시한 괴물이다!"

도둑들은 뒤도 돌아보지 않고 도망쳤어요. 동물들은 집에 들어와 허겁지겁 음식을 입에 넣었어요.

배가 부르니 이제는 잠이 솔솔 왔어요. 당나귀는 마당 거름 더미에, 사냥개는 문 바로 뒤에, 고양이는 따뜻한 난로 옆에, 그리고 닭은 마당이 훤히 보이는 지붕 꼭대기로 올라가 자리를 잡았어요.

한편, 도둑들은 집의 불이 꺼진 것을 보고는 쑥덕거렸어요.

도둑들의 대장은 부하 두 명에게 집안에 들어가 보라고 시켰어요.

두 도둑은 살금살금 집 안으로 들어갔어요.

"이런! 너무 깜깜해서 아무것도 안 보여!"

그때, 난로 옆에 초록빛으로 빛나는 무언가가 있었어요.

"저기에 불붙은 석탄이 있는 것 같아! 성냥으로 불을 켜 보자."

## 재미있게 풀어요

 도둑들은 집에 불이 꺼진 것을 보고 쑥덕거렸어요.
무슨 이야기를 나누었을까요? 알맞은 대답에 <u>모두</u> 색칠하세요.

> 괴물이 있으니 절대
> 다시 가지 말자.

> 저 집에 이제
> 아무도 없는 것 같아요.

> 어떻게 됐는지
> 너희들이 가 봐.

> 우리가 저기 있는
> 걸 어떻게 알았지?

 도둑들은 왜 집 안으로 다시 들어갔을까요?
알맞은 대답에 O를 그리세요.

사고력 · 독해력

> 괴물들이 사라졌는지 확인하려고

> 동물들을 혼내주기 위해서

> 집 안이 깜깜해서 불을 켜려고

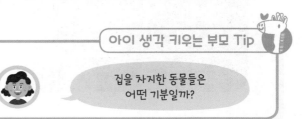

아이 생각 키우는 부모 Tip

집을 차지한 동물들은
어떤 기분일까?

24

# 브레멘 음악대 | 다섯 번째 이야기

## 생각하며 준비해요

 지난 이야기를 떠올리면서 다음 글자를 따라 써 보세요.　　　어휘력

| 허 | 겁 | 지 | 겁 | 음 | 식 | 을 |
|---|---|---|---|---|---|---|
| 먹 | 었 | 어 | 요 | | | |

| 살 | 금 | 살 | 금 | 집 | 으 | 로 |
|---|---|---|---|---|---|---|
| 들 | 어 | 갔 | 어 | 요 | | |

 지난 <브레멘 음악대> 이야기를 기억해 보고 순서에 맞는　　사고력·독해력
번호를 쓰세요.

도둑들은 석탄에 성냥개비를 갖다 대었어요. 하지만 그건 석탄이 아닌 고양이의 빛나는 두 눈이었어요! 고양이는 날카로운 발톱으로 도둑들의 얼굴을 마구 할퀴었어요.

"으악! 따가워!"

놀란 도둑들이 문밖으로 나가려 하자 이번에는 사냥개가 그들의 다리를 콱 물었어요.

"아악! 내 다리!"

도둑들은 절뚝거리며 마당으로 냅다 도망쳤어요.

그때, 당나귀가 뒷발로 그들의 엉덩이를 퍽 걷어찼어요. 게다가 잠에서 깬 닭은 지붕 꼭대기에서 힘껏 울어댔지요.

"꼬끼오오오오!"

도둑들은 그곳을 겨우 벗어나 대장에게 벌벌 떨며 말했어요.

"대장! 그 집에는 무시무시한 괴물들이 살고 있어요!"

"얼굴을 할퀴고, 다리를 물고, 엉덩이를 찼어요! 게다가 지붕 꼭대기의 괴물은 저놈들을 당장 데리고 오라며 소리쳤다고요!"

그날 이후 도둑들은 그 집 근처에 얼씬도 하지 않았어요. 그 덕에 브레멘 음악대는 그 집에 살며 오래도록 즐겁게 연주할 수 있었어요.

## 재미있게 풀어요

 누가 무엇을 했어요? 알맞은 것에 줄을 이으세요. 독해력

 • • 마당으로 도망쳤어요

 • • 도둑들의 얼굴을 할퀴었어요

 • • 지붕 꼭대기에서 힘껏 울었어요

 • • 다리를 콱 물었어요

 • • 엉덩이를 퍽 걷어찼어요

 도둑들은 그 집 근처에 얼씬도 하지 않았어요.
그 이유로 알맞은 대답에 ♡를 그리세요. 사고력 · 독해력

불이 켜지지 않아 너무 추워서 벌벌 떨었기 때문에

무시무시한 괴물이 살고 있다고 생각했기 때문에

브레맨 음악대가 그 집에서 연주를 해야 하기 때문에

아이 생각 키우는 부모 Tip

동물들은 앞으로
어떻게 지낼 것 같아?

 **생각하며 준비해요**

 그림에 알맞은 단어를 찾아 줄을 긋고 따라 쓰세요.    어휘력

 •

• 남매

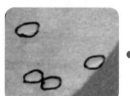 •

• 자갈

 헨젤과 그레텔은 지금 무엇을 하고 있을까요? 헨젤과 그레텔의
기분은 어떤 것 같아요? 알맞은 대답에 체크하세요.    사고력

 헨젤

 그레텔

**무엇을?**

- [ ] 무서운 이야기를 듣고 놀란 것 같아요
- [ ] 신나는 일이 생겨 즐거워하고 있어요

**기분?**

- [ ] 설레요
- [ ] 겁이 나요

가난한 나무꾼 아버지와 마음씨 고약한 새어머니, 그리고 어린 남매가 함께 살고 있었어요. 오빠의 이름은 헨젤, 여동생의 이름은 그레텔이었어요.

　　어느 날 밤, 잠이 오지 않아 뒤척이던 아이들은 새어머니와 아버지의 말소리를 듣게 되었어요.

　　"먹을 게 다 떨어져 가요. 이러다 모두 굶어 죽을 거예요. 애들을 숲속에 버려야 우리라도 살 수 있어요."

　　"절대 안 되오. 그럼 아이들은 짐승들의 밥이 될 거요."

헨젤과 그레텔은 두려운 마음에 눈물이 핑 돌았어요. 하지만 헨젤은 마음을 굳게 먹었어요.

'우리는 숲속에 버려질 거야. 집에 돌아올 방법을 찾아야만 해.'

헨젤은 아버지와 새어머니가 잠들기만을 기다렸어요.

아버지와 새어머니가 잠들자, 헨젤은 그레텔을 데리고 밖으로 나갔어요. 하얀 자갈들이 달빛에 비쳐 반짝이고 있었어요. 남매는 빛나는 자갈들을 손안에 가득 주워 왔어요.

## 재미있게 풀어요

 새어머니와 아버지의 이야기를 듣게 된 헨젤과 그레텔의 마음은 어땠을까요? 아래에서 <u>모두</u> 골라 색칠해 보세요.

아이들은
짐승들의 밥이 될 거요.

애들을 숲속에 버려야
우리라도 살 수 있어요.

| | | |
|---|---|---|
| 설레요 | 무서워요 | 슬퍼요 |
| 자랑스러워요 | 두려워요 | 깜짝 놀랐어요 |

 부모님이 잠들자 헨젤과 그레텔은 무엇을 했어요?
왜 그렇게 했어요? 알맞은 대답에 ☆을 그리세요.

| 무엇을? | 왜? |
|---|---|
| ☐ 말소리를 들었어요 | ☐ 자갈들이 반짝여서 |
| ☐ 자갈을 주워 왔어요 | ☐ 먹을 게 다 떨어져서 |
| ☐ 잠이 안 와 뒤척였어요 | ☐ 집에 돌아올 방법을 찾으려고 |

아이 생각 키우는 부모 Tip

헨젤과 그레텔은
왜 자갈을 주워 왔을까?   헨젤과 그레텔이 숲속에 버려지면 집에
돌아올 수 있는 방법에는 뭐가 있을까?

 **생각하며 준비해요**

 지난 이야기를 떠올리면서 다음 글자를 따라 써 보세요. (어휘력)

 눈물이 핑 돌았어요

 자갈을 주워 왔어요

 다음은 이번 이야기의 한 장면이에요. 어떤 일이 벌어질까요? (사고력)
알맞은 대답을 골라 보세요.

새어머니는 (남매를 버리러 | 남매와 나무를 하러) 숲에 갈 것 같아요.

헨젤은 자갈을 (떨어뜨리며 | 주우며) 걸어갈 것 같아요.

다음날, 이른 아침이 되자 새어머니는 아이들을 흔들어 깨웠어요.

"애들아, 어서 일어나! 오늘은 나무를 구하러 숲속 깊이 들어갈 거란다."

새어머니는 아이들에게 빵을 하나씩 주고는 숲속으로 앞장서서 들어갔어요. 헨젤과 그레텔은 뒤따라가며 하얀 자갈을 하나둘씩 떨어뜨렸어요.

깊은 숲속에 이르자 새어머니는 아이들을 세워두고 말했어요.

"쓸 만한 나무를 구해올 테니, 너희는 여기에서 꼼짝 말고 있거라."

하지만 한 시간이 흐르고, 두 시간이 흘러도 새어머니는 돌아오지 않았어요.

"오빠, 우리 이제 어떡해?"

눈물을 글썽이는 그레텔에게 헨젤은 말했어요.

"걱정하지 마. 자갈을 따라가면 집으로 돌아갈 수 있을 거야."

헨젤의 말대로 중간중간 흘려둔 자갈을 따라가니, 어느새 집이 보이기 시작했어요.

남매가 무사히 돌아오자 아버지는 맨발로 뛰쳐나와 아이들을 반겼어요. 하지만 새어머니는 남매를 다시 한번 버릴 생각이었어요. 그날 밤, 새어머니는 문을 꽉 잠가 버렸어요.

## 재미있게 풀어요

 누가 무엇을 했어요? 알맞은 것에 줄을 이으세요. 독해력

 •

 •

 •

• 자갈들을 따라가
집으로 돌아갔어요

• 집에 돌아온
아이들을 반겼어요

• 아이들을 데리고
숲속으로 갔어요

 새어머니는 헨젤과 그레텔이 돌아온 날 밤에 왜 문을 잠갔을까요? 사고력·독해력
그 이유로 맞는 대답에 체크 표시하세요.

안전하게 집을 지키려고 ☐

아이들이 자갈을 주우러 못 가게 하려고 ☐

남매들이 무사히 집으로 돌아와서 ☐

아이 생각 키우는 부모 Tip

숲속에 남겨진 아이들은
어떤 생각이 들었을까?   아버지를 만나서 헨젤과 그레텔은
무슨 이야기를 했을까?

## 생각하며 준비해요

 지난 이야기를 떠올리면서 다음 글자를 따라 써 보세요.  `어휘력`

| 자 | 갈 | 을 | | 떨 | 어 | 뜨 | 렸 | 어 | 요 |

| 무 | 사 | 히 | | 돌 | 아 | 왔 | 어 | 요 |

 숲속에서 멋진 과자집을 발견했어요. 어떻게 할 것 같아요?  `사고력·표현력`
자유롭게 생각을 써 보세요.

<보기>

나는 제일 맛있어 보이는 과자 하나만 먹고 주인이 나타날 때까지 기다릴 거야.

다음 날 아침, 그녀는 남매에게 빵을 하나씩 주고 다시 숲속으로 데려갔어요. 헨젤과 그레텔은 빵 조각들을 길에 뿌리면서 걸어왔어요.

아니나 다를까 깊은 숲속에 이르자 새어머니는 또다시 헨젤과 그레텔을 놔두고 사라졌어요.

남매는 뿌려 둔 빵조각을 따라 집으로 돌아가려 했지만, 이번에는 그럴 수 없었어요. 산새들이 빵조각을 모조리 먹어 버렸기 때문이었죠.

결국 헨젤과 그레텔은 숲속에서 길을 잃고 말았어요.

　그런데 그때, 어디선가 달콤하면서도 고소한 냄새가 풍겼어요. 냄새가 나는 쪽으로 가니, 커다랗고 먹음직스러운 과자 집이 보였어요.

　"우와! 맛있는 과자들이 가득해!"

　헨젤과 그레텔은 과자들을 정신없이 뜯어 먹기 시작했어요.

　그런데 그때였어요! 문이 벌컥 열리더니 무섭게 생긴 마귀 할멈이 모습을 드러냈어요.

## 재미있게 풀어요

 헨젤과 그레텔은 결국 길을 잃고 말았어요. 헨젤과 그레텔은 어떤 생각을 했을까요? 알맞은 대답에 <u>모두</u> 색칠하세요.

이제 어떻게 하지?

자갈길을 따라가면 집을 찾아갈 수 있어.

빵 부스러기를 찾아보자.

배도 고프고 다리도 아파.

 마귀할멈이 나타났어요. 헨젤과 그레텔은 마귀할멈과 무슨 말을 했을까요? 알맞은 말풍선을 찾아 색칠하세요.

마귀할멈

헨젤과 그레텔

누가 감히 내 집을 먹는 게냐?

죄송해요. 배가 고파서 그만….

손을 내밀어 보거라.

산새가 빵부스러기를 다 먹었어요.

아이 생각 키우는 부모 Tip

OO이는 숲속에서 마귀할멈을 만나면 어떻게 할 거야?

# 헨젤과 그레텔 | 네 번째 이야기

📎 **생각하며 준비해요**

 지난 이야기를 떠올리면서 다음 글자를 따라 써 보세요.　　　어휘력

| 산 | 새 | 가 | | 빵 | 조 | 각 | 을 |
|---|---|---|---|---|---|---|---|

| 먹 | 었 | 어 | 요 |
|---|---|---|---|

| 과 | 자 | 집 | 이 | | 보 | 였 | 어 | 요 |
|---|---|---|---|---|---|---|---|---|

 지난 이야기의 마지막 장면이에요. 앞으로 어떤 일이 벌어질까요?　　사고력·독해력
알맞은 대답에 O를 그리세요.

> 문이 벌컥 열리더니 무섭게 생긴 마귀할멈이 모습을 드러냈어요.

마귀할멈이 헨젤과 그레텔을 잡아 가두었어요 　[ ]

아이들은 힘껏 달려 무사히 집으로 갔어요 　[ ]

마귀할멈은 헨젤을 감옥에 가두고, 그레텔은 하녀로 부려먹었어요. 그런데 마귀할멈은 헨젤에게만 계속 맛있는 음식들을 가져다주었어요. 헨젤을 포동포동하게 살찌운 다음 잡아먹으려는 속셈이었지요.

"아가, 어디 한번 손가락을 내밀어 보거라."

헨젤은 마귀할멈의 눈이 좋지 않다는 것을 알아차리고는 바닥에 있던 동물의 뼈다귀를 손가락 대신 내밀었어요.

"흠, 아직 뼈밖에 없군. 좀 더 찌워야겠어."

　　다음 날도, 그다음 날도 헨젤은 계속해서 뼈다귀를 내밀었어요. 마귀할멈은 헨젤의 살이 찌지 않자, 그레텔부터 잡아먹기로 생각을 바꾸었어요.

　　마귀할멈은 청소를 하고 있던 그레텔을 부엌으로 불렀어요.

　　"빵을 구우려고 하는데, 오븐의 온도가 적당한지 네가 들어가서 확인해 보거라."

　　그레텔은 마귀할멈의 생각을 알아차리고 꾀를 내었어요.

## 재미있게 풀어요

 헨젤은 마귀할멈에게 손 대신 동물의 뼈다귀를 내밀었어요. 그 이유로 알맞은 답에 ♡를 그리세요.

사고력 · 독해력

맛있는 음식을 더 달라고 하려고

살이 안 쪄야 잡아먹히지 않기 때문에

눈이 나쁜 마귀할멈을 놀려 주려고

 마귀할멈의 생각을 알아챈 그레첼은 꾀를 내었어요.
마귀할멈의 생각과 그레첼의 꾀로 알맞은 말풍선에 색칠하세요.

사고력 · 독해력

그레텔의 생각

마귀할멈의 생각

마귀할멈을 오븐에
밀어 버리고 도망치자.

청소 대신
요리를 시켜야겠다.

빵을 구울 줄
모른다고 해야지.

헨젤 대신 그레텔을
잡아먹어야겠다.

아이 생각 키우는 부모 Tip

○○이가 헨젤이나 그레텔이라면
이 상황에서 어떻게 할 것 같아?

 **생각하며 준비해요**

 지난 이야기를 떠올리면서 다음 글자를 따라 써 보세요. （어휘력）

뼈 다 귀 를 내 밀 었 어 요

꾀 를 내 었 어 요

 지난 〈헨젤과 그레텔〉 이야기를 기억해 보고 순서에 맞는 번호를 쓰세요. （사고력·독해력）

"오븐에 어떻게 들어가요? 먼저 보여 주시면 따라 할게요."

"바보 같은 것. 이런 것까지 알려 줘야 하다니."

마귀할멈이 오븐 안으로 머리를 들이민 그때! 그레텔은 마귀할멈을 힘껏 밀어 넣고 오븐의 문을 닫아버렸어요.

"으아악!"

마귀할멈이 순식간에 불 속으로 사라지자, 그레텔은 곧바로 감옥으로 달려가 갇혀 있던 헨젤을 빼냈어요.

　　헨젤과 그레텔은 마귀할멈의 집에 있던 온갖 보석들을 챙겨서 밖으로 나섰어요. 두 사람은 헤매고 헤매다가 며칠이 지나서야 겨우 집으로 돌아갈 수 있었어요.

　　돌아온 아이들을 보고 아버지는 눈물을 글썽였어요. 그리고 그는 말없이 남매를 두 팔로 꼬옥 안아 주었어요. 새어머니는 알 수 없는 병으로 이미 세상을 떠난 뒤였어요.

　　그 뒤 헨젤과 그레텔은 아버지와 함께 오래오래 행복하게 살았다고 해요.

재미있게 풀어요

 그레텔이 한 행동을 순서에 맞게 번호로 쓰세요.

오빠와 집으로 돌아갔어요 ☐

오빠를 감옥에서 구해 줬어요 ☐

마귀할멈을 오븐에 밀어 넣었어요 ☐

보석을 챙겨서 나왔어요 ☐

 다음 말은 무슨 뜻일까요? 알맞은 대답에 ☆을 그리세요.

두 사람은 헤매고 헤매다가 며칠이 지나서야
겨우 집으로 돌아갈 수 있었어요.

여기저기 구경하다가 집에 늦게 돌아갔어요 ☐

길을 못 찾아 이리저리 돌아다니다 집으로 돌아갔어요 ☐

사람들의 도움을 받았지만, 며칠이나 시간이 걸렸어요 ☐

아이 생각 키우는 부모 Tip

헨젤과 그레텔에서
제일 기억에 남는 장면이 뭐야?

 **생각하며 준비해요**

 그림에 알맞은 단어를 찾아 줄을 긋고 따라 쓰세요.　(어휘력)

 •

•

한 숨 을
쉬 었 어 요

구 두 장 이

 다음 그림은 오늘 이야기의 시작 장면입니다. 구두장이와 아내는 어떤 사람일까요? 알맞은 대답을 <u>모두</u> 찾아 색칠하세요.　(사고력)

> 어느 마을에 구두장이와 그의 아내가 살고 있었어요. 구두장이는 매일 아침 남들보다 일찍 일어나 시원한 공기를 마셨어요. 그리고 구두를 뚝딱뚝딱 만들며 하루를 시작했지요. 부부는 밤이 되면 감사의 기도를 드렸어요.

부지런해요　게을러요　착해요　심술궂어요

어느 마을에 부지런한 구두장이와 그의 아내가 살고 있었어요. 구두장이는 매일 아침 남들보다 일찍 일어나 시원한 공기를 마셨어요. 그리고 구두를 뚝딱뚝딱 만들며 하루를 시작했지요. 부부는 밤이 되면 자리를 깔끔하게 정리하고 감사의 기도를 드렸어요.

"오늘도 소중한 하루를 보낼 수 있게 해 주셔서 감사합니다."

구두장이 부부는 모든 일에 감사할 줄 아는 사람들이었어요. 그러나 이들 부부는 무척 가난했어요.

구두장이는 정성스레 만든 구두를 사람들에게 싼값에 팔았
어요. 그러다 보니 돈을 많이 벌 수가 없었어요. 그래서 그들은
항상 낡은 옷을 입고, 낡은 신발을 신고, 음식을 아껴 먹었어
요.

어느 날 밤, 부부는 눈앞에 남아 있는 가죽을 보며 한숨을 쉬
었어요.

"이런, 가죽이 이제 얼마 남지 않았군."

"그래도 한 켤레는 만들 수 있겠어요."

구두장이는 마지막 남은 가죽을 구두 모양대로 깔끔하게 잘
라 두었어요.

**재미있게 풀어요**

 구두장이 부부는 왜 가난했어요?
그 이유로 알맞은 것에 ☆을 그리세요.

독해력

두 사람이 만드는 구두가 잘 안 팔려서 ☐

두 사람이 열심히 구두를 안 만들어서 ☐

잘 만든 구두를 싼값에 팔아서 ☐

 구두장이와 아내가 나눈 이야기를 다시 읽어 보세요.
둘은 무슨 생각을 했을까요? 알맞은 것에 O를 그리세요.

사고력 · 독해력

이런, 가죽이
이제 얼마 안 남았군.

그래도 한 켤레는
만들 수 있겠어요.

구두를 만들 가죽이 얼마 안 남아서 걱정돼요 ☐

내일은 사람들에게 구두를 비싸게 팔아야겠어요 ☐

누군가 와서 도와줬으면 좋겠다고 생각했어요 ☐

아이 생각 키우는 부모 Tip

OO이 주변에 가장
부지런한 사람이 누구야?

OO이는 어떨 때
한숨을 쉬어?

## 생각하며 준비해요

지난 이야기를 떠올리면서 다음 글자를 따라 써 보세요.

어휘력

부부는 무척
가난했어요

가죽이 얼마 남지
않았군

다음 그림은 오늘 이야기의 한 장면이에요. 구두장이의 작업대에 무엇이 있었을까요? 자유롭게 상상하고 그림을 그려 보세요.

사고력·표현력

다음 날 아침이 밝았어요. 구두장이가 구두를 만들기 위해 작업대에 막 앉았을 때였어요. 무언가를 본 구두장이가 화들짝 놀라더니 믿기지 않는 듯 손으로 두 눈을 비볐어요.

다음 날 아침이 밝았어요. 구두장이가 구두를 만들기 위해 작업대에 막 앉았을 때였어요. 무언가를 본 구두장이가 화들짝 놀라더니, 믿기지 않는 듯 손으로 두 눈을 비볐어요.

'아니, 도대체 이게 무슨 일이지?'

작업대 위에는 아름다운 구두 한 켤레가 올려져 있었어요. 구두는 어느 한 곳 잘못된 데 없이 무척 튼튼했어요. 게다가 이 구두는 누군가가 한 땀 한 땀 정성 들여 만든 것처럼 보였어요.

잠시 후, 가게에 한 손님이 찾아왔어요.

"구두가 정말 멋지네요! 이 구두 제가 살게요."

구두장이는 여느 때처럼 싼값에 구두를 팔려 했어요. 하지만 손님은 구두가 너무나 마음에 든 나머지 훨씬 더 많은 돈을 주고 구두를 사 갔어요.

구두장이는 그 돈으로 구두 두 켤레를 만들 수 있을 만큼의 가죽을 샀어요. 그날 밤에도 그는 가죽을 깔끔하게 잘라 두고, 감사의 기도를 올린 뒤 잠자리에 들었어요.

## 재미있게 풀어요

 구두장이의 작업대에 무엇이 있었어요? 그 후에 무슨 일이 있었어요? (독해력)
알맞은 대답에 ♡를 그리세요.

| 무엇? | 무슨 일? |
|---|---|
| ☐ 선물 | ☐ 손님에게 멋진 구두를 싼값에 팔았어요 |
| ☐ 구두 | ☐ 손님이 많은 돈을 주고 구두를 사 갔어요 |
| ☐ 가죽 | ☐ 가죽을 다 써 버려서 걱정했어요 |

 구두장이는 감사의 기도를 하고 잠들었어요. 여러분이 구두장이라면 (사고력 · 독해력)
어떤 기도를 했을까요? 마음에 드는 대답을 찾아 말풍선에 써 보세요.

구두를 잘 만들게 되어 감사합니다

구두를 비싼 값에 팔게 되어 감사합니다

가죽을 더 살 수 있게 되어 감사합니다

아이 생각 키우는 부모 Tip

○○이가 잠을 자고 일어났을 때
책상 위에 무엇이 올려져 있으면 좋겠어?

# 구두장이와 꼬마 요정 | 세 번째 이야기

3주차 3일

 **생각하며 준비해요**

 지난 이야기를 떠올리면서 다음 글자를 따라 써 보세요. (어휘력)

| 구 | 두 | 한 | 켤 | 레 | 가 |
| --- | --- | --- | --- | --- | --- |
| 있 | 었 | 어 | 요 | | |

| 손 | 님 | 이 | 구 | 두 | 를 |
| --- | --- | --- | --- | --- | --- |
| 사 | 갔 | 어 | 요 | | |

 다음은 지난 이야기의 마지막 부분이에요. 다음에 어떤 이야기가 펼쳐질까요? 알맞은 대답을 골라 보세요. (사고력·독해력)

구두장이는 그 돈으로 구두 두 켤레를 만들 수 있을 만큼의 가죽을 샀어요. 그날 밤에도 그는 가죽을 깔끔하게 잘라 두고 감사의 기도를 올린 뒤 잠자리에 들었어요.

다음 날 아침 작업대 위에 (구두 두 켤레가 있었어요 | 구두가 없었어요)

구두장이 부부에게 구두를 사려는 손님들이 점점 (적어졌어요 | 많아졌어요)

또다시 아침이 밝았어요. 그런데 놀라운 일은 한 번으로 끝나지 않았어요. 이번에는 완성된 구두 두 켤레가 작업대 위에 올려져 있는 게 아니겠어요?

조금 뒤, 몇몇 손님들이 가게에 들어왔어요. 손님들은 이번에도 보통 때보다 더 비싼 값으로 구두를 사 갔어요. 그리고 구두장이는 구두 네 켤레를 만들 만큼의 가죽을 샀어요.

역시나 잠을 자고 일어나 보니 작업대 위에 구두 네 켤레가 있었어요. 다음 날도, 그다음 날도 마찬가지였어요.

구두장이 부부는 마침내 가난에서 벗어날 수 있었어요.

　　크리스마스를 앞둔 12월의 어느 날이었어요. 구두장이 부부는 잠자리에 들기 전 여전히 감사 기도를 올리고 있었어요.
　　"여보, 도대체 어떤 분이 우리를 도와주시는 걸까요?"
　　"그러게나 말이오. 직접 감사의 인사를 드리고 싶은데…."
　　그때, 두 사람의 머릿속에 좋은 생각이 떠올랐어요.
　　"우리 오늘은 잠을 자지 않고 밤을 꼬박 새워 봐요! 그러면 우리를 도와주시는 분이 누군지 알 수 있을 거예요!"
　　구두장이 부부는 방구석에 몸을 숨겼어요. 그리고 두 눈은 크게, 입은 꽉 다문 채로 방 안을 바라보았어요.

**재미있게 풀어요**

 다음 말은 무슨 뜻일까요? 알맞은 대답에 ♡를 그리세요. 어휘력 · 사고력

구두장이 부부는 마침내 가난에서 벗어날 수 있었어요.

구두장이 부부는 남들보다 빨리 부자가 되었어요

구두장이 부부는 이제 가난하지 않아요

구두장이 부부는 가난했지만 감사할 줄 알았어요

 구두장이 부부는 12월 어느 날 밤, 무엇을, 왜 하려고 했어요?
알맞은 답에 체크하세요. 독해력

| 무엇을? | 왜? |
| --- | --- |
| ☐ 구두를 더 많이 팔 궁리를 해요 | ☐ 누가 도와주는지 알아내려고 |
| ☐ 방에 몸을 숨기고 있으려고 해요 | ☐ 밤을 꼬박 새우려고 |
| ☐ 직접 감사 인사를 드리려고 해요 | ☐ 감사 기도를 하려고 |

**아이 생각 키우는 부모 Tip**

누가 부부에게
신발을 만들어 줬을까?

 **생각하며 준비해요**

 지난 이야기를 떠올리면서 다음 글자를 따라 써 보세요.    어휘력

| 누 | 가 | | 우 | 리 | 를 |
|---|---|---|---|---|---|
| 도 | 와 | 주 | 시 | 는 | 걸 | 까 | 요 | ? |

| 방 | 구 | 석 | 에 | | 몸 | 을 |
|---|---|---|---|---|---|---|
| 숨 | 겼 | 어 | 요 |

 여러분을 가장 많이 도와주는 사람은 누구예요? 그 사람을    사고력·표현력
그리고, 그분에게 감사의 마음을 전할 방법을 써 보세요.

| 그림 |
|---|
| |

| 방법 |
|---|
| 〈보기〉<br><br>· 편지를 쓸 거예요.<br><br>〈나〉<br><br>·<br><br>· |

어느덧 주변이 캄캄하게 물들었어요. 방 안의 촛불만이 은은하게 빛나고 있었지요.

그때였어요. 작디작은 꼬마 요정들이 슬그머니 방 안에 들어왔어요. 요정들은 아무것도 걸치지 않은 맨몸이었어요. 꼬마 요정들은 작업대로 스르륵 다가가 가죽을 한 땀 한 땀 바느질하기 시작했어요. 작은 손가락들이 왔다 갔다 하며 빠르게 움직였어요.

부부는 그들을 조심스레 지켜봤어요.

마침내 구두가 완성되자, 꼬마 요정들은 누가 볼 새라 후다닥 사라져 버렸어요.

　　구두장이 부부는 꼬마 요정들에게 너무나도 고마운 마음이 들었어요.

　　"여보, 꼬마 요정들에게 감사 인사를 전할 방법이 없을까요?"

　　"어제 보니 모두 발가벗고 있었어요. 옷이나 신발 같은 것을 선물로 주는 것은 어떨까요?"

　　"좋은 생각이에요. 나는 요정들이 신을 구두를 만들겠어요."

　　"그럼 저는 요정들을 위한 옷과 양말을 만들게요!"

　　부부는 설레는 마음으로 꼬마 요정들에게 줄 옷과 양말, 구두를 만들기 시작했어요.

## 재미있게 풀어요

 이번 이야기에서 일어난 일을 순서에 맞게 번호로 쓰세요. 〔사고력 · 독해력〕

부부는 꼬마 요정들의 옷과 구두를 만들기 시작했어요 ☐

꼬마 요정들이 방으로 들어와 바느질을 했어요 ☐

구두가 완성되자 꼬마 요정들은 급히 사라졌어요 ☐

부부는 꼬마 요정들에게 감사를 전할 방법을 생각했어요 ☐

 여러분들은 어떤 옷과 신발을 만들어 줄 것 같아요? 만들어 주고 〔어휘력 · 표현력〕
싶은 옷과 신발을 설명하는 말을 <u>모두</u> 고르고 자유롭게 꾸며 보세요.

따뜻하다

화려하다

반짝거리다

편하다

아이 생각 키우는 부모 Tip

우리 집에 꼬마 요정이 온다면
○○이에게 뭘 해 줬으면 좋겠어?

📎 **생각하며 준비해요**

 지난 이야기를 떠올리면서 다음 글자를 따라 써 보세요.    어휘력

| 후 | 다 | 닥 | | | |
|---|---|---|---|---|---|
| 사 | 라 | 져 | 버 | 렸 | 어요 |

| 요 | 정 | 들 | 에 | 게 | 줄 |
|---|---|---|---|---|---|
| 선 | 물 | 을 | 만 | 들 | 었어요 |

 지난 <구두장이 꼬마 요정> 이야기를 기억해 보고 순서에 맞는 번호를 쓰세요.    사고력 · 독해력

  며칠에 걸쳐 부부의 마음을 가득 담은 선물이 완성되었어요. 그날 밤, 부부는 잘라 둔 가죽이 아닌 선물을 작업대 위에 올려 두었어요. 그리고 몰래 숨어 꼬마 요정들이 오기만을 기다렸지요.

  시간이 흐르자 꼬마 요정들이 방안에 모습을 드러냈어요.

  "응? 이게 뭐지?"

  꼬마 요정들은 가죽이 아닌 다른 물건이 있자 당황한 듯했어요. 하지만 옷과 양말, 신발을 신어 보더니 이내 꺄르르 하고 함박웃음을 지었어요.

　　기분이 좋아진 꼬마 요정들은 통통거리며 방 안 이곳저곳을 날아다녔어요. 또 몸을 움직여 춤을 추기도 했지요. 꼬마 요정들은 한참을 놀다가 어느 순간 방 밖으로 사라져 버렸어요.

　　구두장이 부부는 그날 이후 더 이상 요정들을 보지 못했어요. 하지만 부부는 그 뒤로도 하는 일마다 잘 되어 행복한 하루하루를 보냈다고 해요.

## 재미있게 풀어요

 선물을 본 꼬마 요정들은 무슨 말을 했을까요?
알맞은 대답에 <u>모두</u> 색칠하세요.

사고력

와 우리 몸에
딱 맞는 옷이야!

우리 요정들은
옷을 입지 않아.

다음에 다시는
오면 안 되겠어.

아주 예뻐!

 다음을 읽고 맞으면 O, 틀리면 X 하세요.

독해력

부부는 오늘도 구두를 만들기 위해 가죽을 잘라 놓았어요

꼬마 요정들은 선물을 보고 깜짝 놀라 사라져 버렸어요

그 후로 요정이 오지 않았지만 부부는 행복하게 살았어요

아이 생각 키우는 부모 Tip

꼬마 요정들은 이제
누구를 도와주러 갈 것 같아?

 **생각하며 준비해요**

 그림에 알맞은 단어를 찾아 줄을 긋고 따라 쓰세요. (어휘력)

 ·

· 욕 심 쟁 이 왕

 ·

· 방 앗 간 주 인

 다음 그림은 오늘 이야기의 시작 장면입니다. 방앗간 주인은 왕에게 (사고력)
무슨 거짓말을 했을까요? 알맞은 대답에 색칠하세요.

> 한 마을에 가난한 방앗간 주인이 살고 있었어요. 그에게는 어여쁜 딸이 하나 있었어요. 어느 날, 방앗간 주인이 왕과 이야기를 하게 되었어요. 방앗간 주인은 왕에게 잘 보이고 싶은 마음에 거짓말을 하고 말았어요.

저는 농사를 아주 잘 짓습니다

제 딸은 짚으로 금실을 만들 줄 알아요

저는 매일 착하게 살아가고 있어요

한 마을에 가난한 방앗간 주인이 살고 있었어요. 그에게는 어여쁜 딸이 하나 있었어요.

어느 날, 방앗간 주인이 왕과 이야기를 하게 되었어요. 방앗간 주인은 왕에게 잘 보이고 싶은 마음에 거짓말을 하고 말았어요.

"제 딸은 짚으로 금실을 만드는 재주를 가졌답니다!"

왕은 방앗간 주인의 말을 듣고 눈이 번쩍 뜨였어요.

"오, 아주 놀라운 재주구나! 내일 당장 딸을 성으로 데려와라. 내가 그 재주를 시험해 봐야겠다."

다음 날, 방앗간 주인의 딸은 떨리는 마음으로 성에 들어갔어요.

왕은 방앗간 집 딸을 짚이 한가득 쌓여 있는 방에 데리고 갔어요.

"놀라운 재주를 가졌다지? 내일 아침까지 이 짚들을 모두 금실로 바꾸어 놓아라. 그렇지 않으면 너는 내 손에 죽게 될 거야."

왕은 이 말만을 남긴 채 문을 꽉 잠가 버렸어요.

방 안에 남겨진 방앗간 집 딸은 눈앞이 캄캄해졌어요.

그녀는 두려운 마음에 주저앉아 눈물만 뚝뚝 흘렸어요.

**재미있게 풀어요**

 이번 이야기에서 일어난 일을 순서에 맞게 번호로 쓰세요. 　사고력·독해력

왕은 방앗간 주인의 딸을 성으로 불렀어요 ☐

방앗간 주인은 왕에게 거짓말을 했어요 ☐

딸은 눈앞이 캄캄해져 주저앉아 눈물을 흘렸어요 ☐

왕은 딸에게 짚을 모두 금실로 바꾸라고 했어요 ☐

 방앗간 집 딸은 눈물을 흘리며 무슨 생각을 했을까요? 　사고력·독해력
알맞은 대답에 색칠하세요.

짚을 금실로 만들려면 너무 힘들겠어.

어떡하지? 난 금실을 만들 줄 모르는데….

예쁘게 만들어야겠어.

시간을 더 달라고 해야겠어.

아이 생각 키우는 부모 Tip

OO이는 다른 사람에게 잘 보이고 싶어서 거짓말한 적이 있어?

어떤 때 눈앞이 캄캄해질까?

72

 **생각하며 준비해요**

 지난 이야기를 떠올리면서 다음 글자를 따라 써 보세요. (어휘력)

짚을 금실로
바꾸어라

눈물만 뚝뚝
흘렸어요

 다음 그림을 보며 오늘 나올 이야기를 상상해 보고 어울리는 말을 골라 표시해 보세요. (사고력)

난쟁이가 (딸을 방 안에 가두었어요 | 딸에게 말을 걸었어요)

난쟁이가 짚을 (금실로 만들어 주었어요 | 빼앗아 갔어요)

그때였어요. 웬 난쟁이 하나가 불쑥 나타나 말을 걸었어요.

"안녕, 방앗간 아가씨? 왜 그렇게 슬프게 울고 있어?"

"오늘 밤에 짚을 금실로 만들지 않으면 전 죽게 될 거예요."

"내가 금실을 만들어 줄 수 있는데, 그럼 넌 내게 무엇을 줄래?"

"제가 하고 있는 목걸이를 드릴게요!"

"좋아."

목걸이를 받은 난쟁이는 물레 앞에 앉아 물레를 돌리기 시작했어요. 난쟁이가 물레를 돌릴 때마다 짚들이 하나둘씩 금실로 변했어요.

　　다음 날 아침, 방문을 활짝 연 왕이 깜짝 놀랐어요. 방 안이 온통 금빛으로 가득했거든요.

　　왕은 더 많은 금을 가지고 싶다는 생각이 들었어요. 그래서 더 큰 방에 짚을 가득 채운 뒤, 방앗간 집 딸을 방 안에 가두었어요.

　　"이번에도 금실로 바꾸어 놓아라. 그렇지 않으면 넌 죽은 목숨이야!"

　　방앗간 집 딸이 홀로 남겨지자, 어제의 그 난쟁이가 나타났어요.

　　"이번에도 내가 너를 도와주면 내게 무엇을 줄래?"

　　"제 손가락에 끼워져 있는 반지를 드릴게요!"

　　난쟁이는 또다시 물레를 돌려 짚을 금실로 바꾸어 주었어요.

## 재미있게 풀어요

 난쟁이가 짚을 금실로 바꾸어 주었어요. 그때 딸의 마음은
어땠을까요? 딸의 표정을 그리고 알맞은 대답을 모두 찾아 색칠하세요.

안심했어요

실망했어요

서운했어요

기뻤어요

 왕은 왜 더 큰 방에 짚을 채운 뒤 딸을 가두었어요?
그 이유로 알맞은 것에 ☆를 그리세요.

난쟁이가 와서 도와준 것을 다 알게 돼서

금실로 가득찬 방을 보고 깜짝 놀라서

더 많은 금실을 갖고 싶다는 욕심이 나서

아이 생각 키우는 부모 Tip

다음에는 어떤
이야기가 이어질까?

# 룸펠슈틸츠헨 | 세 번째 이야기

  생각하며 준비해요

  지난 이야기를 떠올리면서 다음 글자를 따라 써 보세요.

어휘력

| 넌 | 내 | 게 | 무 | 엇 | 을 | 줄 | 래 | ? |

| 난 | 쟁 | 이 | 는 |  |  |  |  |  |
| 물 | 레 | 를 | 돌 | 렸 | 어 | 요 |  |  |

  다음은 지난 이야기의 마지막 부분이에요. 다음에 무슨 이야기가 펼쳐질까요? 알맞은 대답을 골라 보세요.

사고력 · 독해력

> "이번에도 내가 너를 도와주면 내게 무엇을 줄래?"
> "제 손가락에 끼워져 있는 반지를 드릴게요!"
> 난쟁이는 또다시 물레를 돌려 짚을 금실로 바꾸어 주었어요.

왕은 만들어진 금실을 보고 딸에게
　　　　　　　(더 이상 만들지 말라고 | 더 만들라고) 할 거예요.

난쟁이는 (무엇을 주지 않아도 | 무엇을 주어야)
　　　　　　　금실을 더 만들어 주겠다고 할 거예요.

다음 날이 되었어요. 왕의 욕심은 끝이 없었어요. 그는 어제보다 더 큰 방을 짚으로 채운 뒤, 방앗간 집 딸을 또다시 가두었어요.

"이번에도 짚을 금실로 만든다면, 널 내 아내로 맞겠다."

역시나 조금 뒤, 난쟁이가 슬그머니 나타났어요.

"자, 내가 너를 도와주면 이번엔 무엇을 줄래?"

방앗간 집 딸은 고개를 절레절레 흔들며 말했어요.

"미안해요. 이제 더는 드릴 게 없어요."

"그럼 네가 왕비가 되어 낳은 아이를 내게 주는 건 어때?"

'왕비? 내가 왕비가 될 일은 절대 없을 거야.'

방앗간 집 딸은 난쟁이의 말에 고개를 끄덕였어요.

다음 날 아침, 왕은 역시나 금실로 가득한 방을 볼 수 있었어요.

'가난한 방앗간 집 딸이지만, 그 누구보다 가진 것이 많은 부자구나.'

왕은 방앗간 집 딸에게 결혼하자고 했고, 방앗간 집 딸은 왕비가 되었어요. 그리고 1년 뒤, 왕비는 사랑스러운 아기를 얻었어요.

그런데 곧 반갑지 않은 손님이 찾아왔어요. 바로 그 난쟁이였어요. 약속을 까맣게 잊고 있던 왕비는 깜짝 놀라 온몸이 굳었어요.

## 재미있게 풀어요

 왕과 딸의 행동과 그 이유로 알맞은 것에 줄을 이으세요.

무엇을?        왜?

 •

왕비가 되면
아이를 난쟁이에게
주기로 했어요

금실을 더
얻고 싶어서

 •

더 큰 방을
짚으로 채웠어요

왕비가 될 리가
없다고 생각해서

 다시 찾아온 난쟁이를 본 왕비는 깜짝 놀라 온몸이 굳었어요.
왜 그랬을까요? 그 이유로 알맞은 것에 ♡를 그리세요.

난쟁이에게 더는 줄 게 없기 때문에

난쟁이가 아이를 데리러 왔기 때문에

더 이상 금실을 만들 필요가 없기 때문에

아이 생각 키우는 부모 Tip

OO이는 어떨 때
깜짝 놀라?

난쟁이는 아이를 정말 데려갈까?
앞으로 어떻게 될까?

## 📎 생각하며 준비해요

 지난 이야기를 떠올리면서 다음 글자를 따라 써 보세요. ( 어휘력 )

| 내 | 게 | | 아 | 이 | 를 |
| 주 | 는 | | 건 | | 어 | 때 | ? |

| 깜 | 짝 | 놀 | 라 |
| 온 | 몸 | 이 | | 굳 | 었 | 어 | 요 |

 난쟁이가 왕비를 찾아왔어요. 여러분이 왕비라면 난쟁이에게 ( 사고력·표현력 )
뭐라고 말할 것 같아요? 대답을 자유롭게 써 보세요.

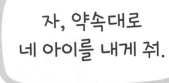

자, 약속대로
네 아이를 내게 줘.

"자, 약속대로 네 아이를 내게 줘."

왕비는 아기를 품에 꼭 안은 채 고개를 절레절레 흔들었어요.

"이 나라의 온갖 보물들을 다 드릴 테니, 제발 아이만은…."

난쟁이는 서글프게 우는 왕비를 보자 가여운 마음이 들었어요.

"3일 안에 내 이름을 맞혀 봐. 맞히면 아기를 데려가지 않을 게."

왕비는 신하를 시켜 있을 만한 모든 이름을 찾게 했어요.

다음 날, 난쟁이가 찾아와 이름을 물었어요.

"카스파르인가요? 아니면 멜키오르? 발처? 아니면…."

"아냐, 그것들은 내 이름이 아니야."

왕비는 이번에는 신하에게 세상의 모든 다른 이름들을 알아
오라고 했어요.

다음 날, 난쟁이가 찾아와 또다시 이름을 물었어요.

"당신 이름은 구레나룻 아닌가요? 아니면 띠 달린 다리?"

"설마 그 이름이겠어? 이제 내일이 마지막이야."

불안해진 왕비는 신하에게 지금껏 들어보지 못한 새로운 이
름을 모조리 찾아오라 했어요.

밤이 되자, 한 신하가 돌아와 왕비에게 조심스럽게 말했어
요.

"왕비님, 새로운 이름은 찾지 못했습니다. 그런데….."

"그런데…?"

## 재미있게 풀어요

 다음을 읽고 맞으면 O, 틀리면 X 하세요.

독해력

난쟁이는 왕비가 가여워서 아이를 안 데려갈 거예요 ☐

왕비는 직접 난쟁이의 이름을 찾으러 다녔어요 ☐

둘째 날까지 난쟁이의 이름을 알지 못했어요 ☐

 신하가 왕비에게 다음과 같이 말했어요. 다음 장면으로 무슨 이야기가 나올 것 같아요? 알맞게 추측한 것에 ☆을 그리세요.

사고력 · 독해력

그런데…?

새로운 이름은 찾지 못했습니다. 그런데….

왕에게 사실대로 말하라고 할 것 같아요 ☐

난쟁이의 이름을 알게 된 것 같다고 말할 것 같아요 ☐

난쟁이에게 아이를 줄 수밖에 없다고 말할 것 같아요 ☐

아이 생각 키우는 부모 Tip

난쟁이의 이름은 뭘까? ○○이가 한번 지어 봐!

84

## 생각하며 준비해요

 지난 이야기를 떠올리면서 다음 글자를 따라 써 보세요.  (어휘력)

| 3 | 일 | 안 | 에 | | | |
| 내 | 이 | 름 | 을 | 맞 | 춰 | 봐 |

| 새 | 로 | 운 | 이 | 름 | 을 | |
| 모 | 조 | 리 | 찾 | 아 | 와 | |

 지난 〈룸펠슈틸츠헨〉 이야기를 기억해 보고 순서에 맞는 번호를 쓰세요.  (사고력·독해력)

신하가 조심스럽게 말을 이어갔어요.

"웬 여우와 토끼가 숲에서 서로 인사를 하길래, 그 위로 올라가 보니 작은 오두막이 하나 있었습니다. 그곳에는 모닥불이 피워져 있었는데, 웬 난쟁이가 그 앞에서 콩콩 뛰며 노래를 부르고 있었습니다."

"설마 그 난쟁이? 그래서 어떻게 되었나?"

"난쟁이가 '오늘은 술을 빚고 내일은 빵을 굽자. 내일이면 왕비의 아이를 갖게 될 몸. 내 이름이 룸펠슈틸츠헨이라는 건 아무도 모르니 이 얼마나 좋은가.'라고 하더군요."

이 말을 들은 왕비는 뛸 듯이 기뻐했어요.

마지막 날, 왕비는 난쟁이에게 일부러 엉뚱한 이름을 말하기 시작했어요.

"쿤츠인가요?"

"아니."

"그럼, 하인츠?"

"아니."

"…당신의 이름은 룸펠슈틸츠헨 아닌가요?"

"아악! 어떻게 알았지? 말도 안 돼!"

난쟁이는 소리를 빽빽 지르며 그 자리에서 쿵쾅쿵쾅 발을 굴렀어요. 그러다가 그만 땅속 깊이 푹 파묻혀 사라지고 말았어요.

**재미있게 풀어요**

 신하의 말을 들은 왕비는 뛸 듯이 기뻐하며 무슨 생각을 했을까요? 사고력
알맞은 대답에 <u>모두</u> 색칠하세요.

다시 금실을 만들어
달라고 부탁해야지.

이름을 잊어버리면
어떡하지?

난쟁이의 이름을
드디어 알았어!

아기를 빼앗기지
않아도 돼!

 왕비는 난쟁이의 이름을 알면서도 왜 일부러 엉뚱한 이름을 사고력
말했을까요? 알맞은 답에 ○를 그리세요.

| 난쟁이를 헷갈리게 하려고 | |
|---|---|

| 난쟁이의 이름을 우연히 알아맞힌 척하려고 | |
|---|---|

| 난쟁이가 땅속에 파묻혀 사라지게 하려고 | |
|---|---|

아이 생각 키우는 부모 Tip

○○이는 화가 나서 발을 쿵쿵
구른 적이 있어? 언제 그랬어?

○○이는 뛸 듯이
기뻤던 적이 언제야?

# 이야기 놀이

* 다음은 〈브레멘 음악대〉, 〈헨젤과 그레텔〉, 〈구두장이 꼬마 요정〉, 〈룸펠슈틸츠헨〉 이야기의 한 장면입니다.
* 장면을 떠올리며 자유롭게 색칠하고 내용을 이야기해 보세요.

# 정답과 해설

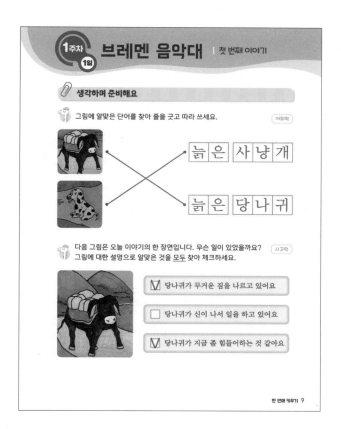

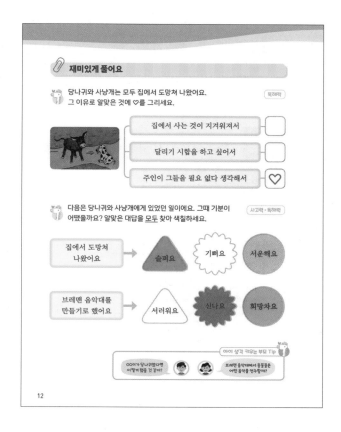

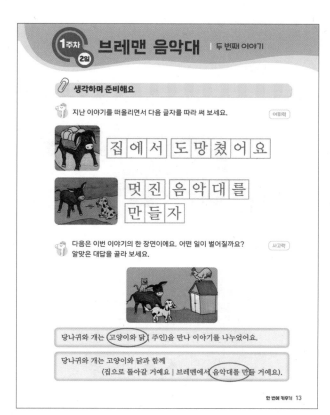

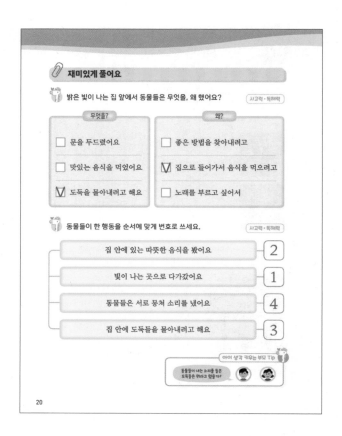

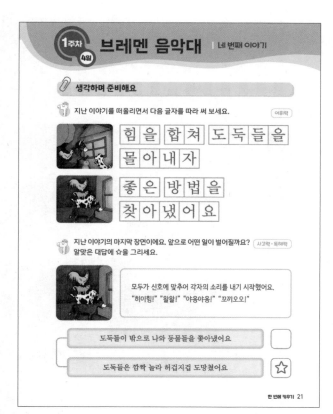

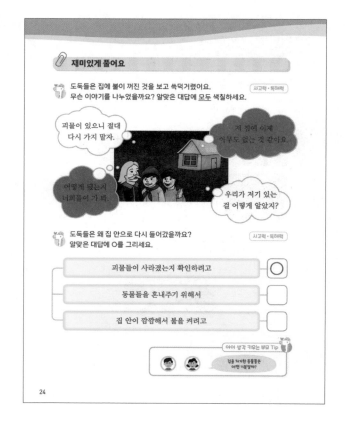

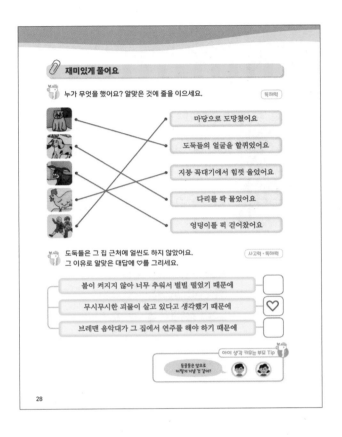

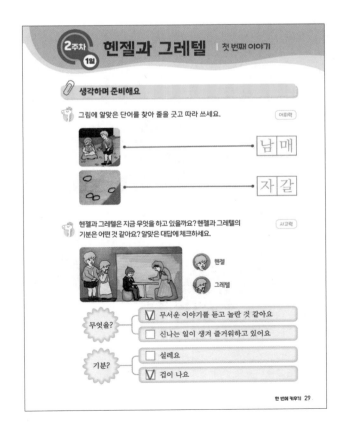

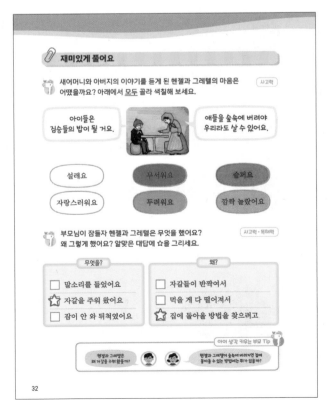

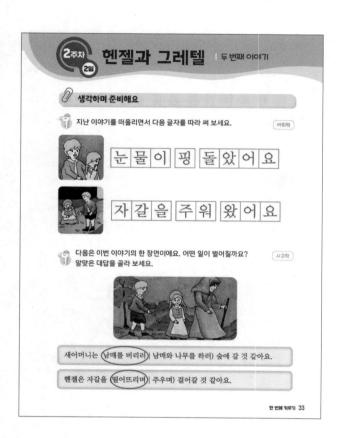

### 2주차 2일 헨젤과 그레텔 | 두 번째 이야기

**생각하며 준비해요**

지난 이야기를 떠올리면서 다음 글자를 따라 써 보세요. (어휘력)

눈물이 핑 돌았어요

자갈을 주워 왔어요

다음은 이번 이야기의 한 장면이에요. 어떤 일이 벌어질까요? (사고력)
알맞은 대답을 골라 보세요.

새어머니는 (남매를 버리러) 남매와 나무를 하러) 숲에 갈 것 같아요.

헨젤은 자갈을 (떨어뜨리며) 주우며) 걸어갈 것 같아요.

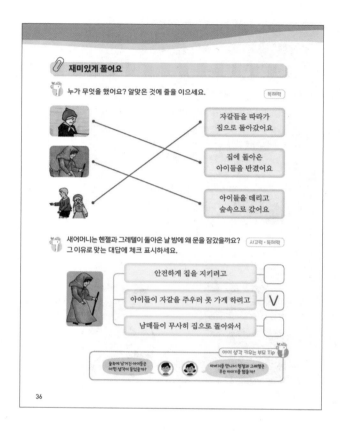

**재미있게 풀어요**

누가 무엇을 했어요? 알맞은 것에 줄을 이으세요. (독해력)

자갈들을 따라가 집으로 돌아갔어요

집에 돌아온 아이들을 반겼어요

아이들을 데리고 숲속으로 갔어요

새어머니는 헨젤과 그레텔이 돌아온 날 밤에 왜 문을 잠갔을까요? (사고력·독해력)
그 이유로 맞는 대답에 체크 표시하세요.

안전하게 집을 지키려고 ☐

아이들이 자갈을 주우러 못 가게 하려고 ☑

남매들이 무사히 집으로 돌아와서 ☐

아이 생각 키우는 부모 Tip
숲속에 남겨진 아이들은 어떤 생각이 들었을까?
아버지를 만나서 헨젤과 그레텔은 무슨 이야기를 했을까?

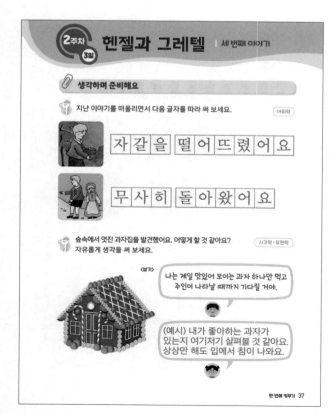

### 2주차 3일 헨젤과 그레텔 | 세 번째 이야기

**생각하며 준비해요**

지난 이야기를 떠올리면서 다음 글자를 따라 써 보세요. (어휘력)

자갈을 떨어뜨렸어요

무사히 돌아왔어요

숲속에서 멋진 과자집을 발견했어요. 어떻게 할 것 같아요? (사고력·표현력)
자유롭게 생각을 써 보세요.

〈보기〉
나는 제일 맛있어 보이는 과자 하나만 먹고 주인이 나타날 때까지 기다릴 거야.

(예시) 내가 좋아하는 과자가 있는지 여기저기 살펴볼 것 같아요. 상상만 해도 입에서 침이 나와요.

**재미있게 풀어요**

헨젤과 그레텔은 결국 길을 잃고 말았어요. 헨젤과 그레텔은 어떤 생각을 했을까요? 알맞은 대답에 모두 색칠하세요. (사고력·독해력)

어제 어떻게 하지?

자갈길을 따라가면 집을 찾아갈 수 있어.

빵 부스러기를 찾아보자.

배도 고프고 다리도 아파.

마귀할멈이 나타났어요. 헨젤과 그레텔은 마귀할멈과 무슨 말을 했을까요? 알맞은 말풍선을 찾아 색칠하세요. (사고력·독해력)

마귀할멈
누가 감히 내 집을 먹는 게냐?

손을 내밀어 보거라.

헨젤과 그레텔
죄송해요. 배가 고파서 그만….

산새가 빵부스러기를 다 먹었어요.

아이 생각 키우는 부모 Tip
○○는 숲속에서 마귀할멈을 만나면 어떻게 할 거야?

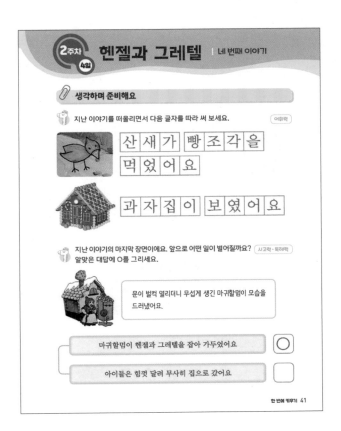

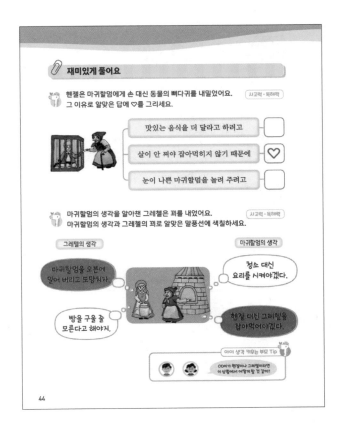

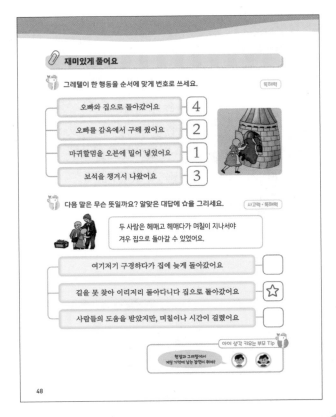

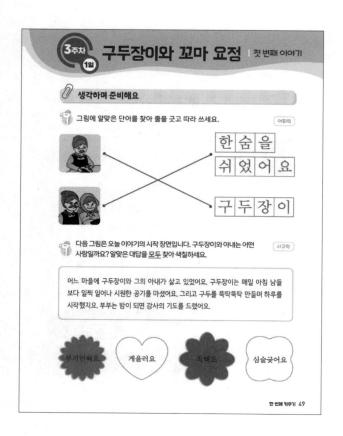

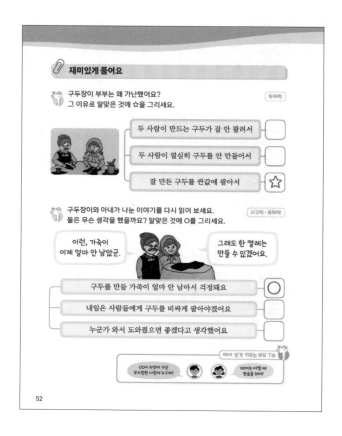

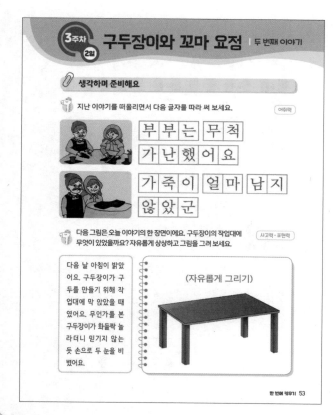

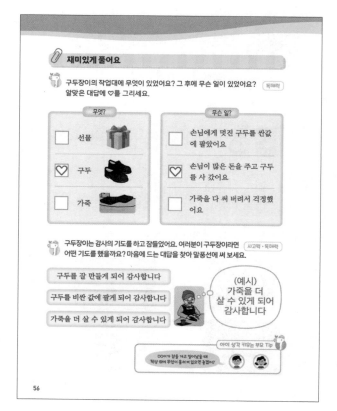

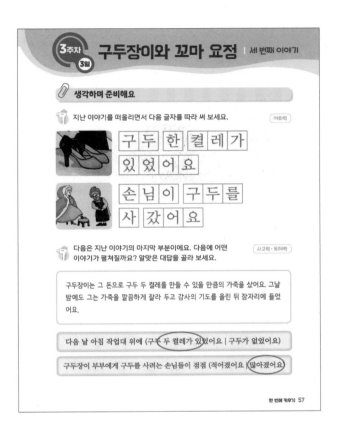

## 구두장이와 꼬마 요정 | 세 번째 이야기

### 생각하며 준비해요

지난 이야기를 떠올리면서 다음 글자를 따라 써 보세요. (어휘력)

구두 한 켤레가
있었어요

손님이 구두를
사 갔어요

다음은 지난 이야기의 마지막 부분이에요. 다음에 어떤 이야기가 펼쳐질까요? 알맞은 대답을 골라 보세요. (사고력·독해력)

구두장이는 그 돈으로 구두 두 켤레를 만들 수 있을 만큼의 가죽을 샀어요. 그날 밤에도 그는 가죽을 깔끔하게 잘라 두고 감사의 기도를 올린 뒤 잠자리에 들었어요.

다음 날 아침 작업대 위에 (구두 두 켤레가 있었어요 | 구두가 없었어요)

구두장이 부부에게 구두를 사려는 손님들이 점점 (적어졌어요 | 많아졌어요)

한 번에 키우기 57

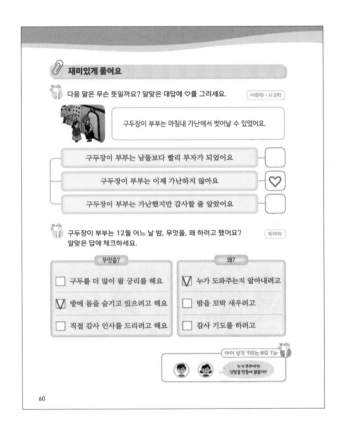

### 재미있게 풀어요

다음 말은 무슨 뜻일까요? 알맞은 대답에 ♡를 그리세요. (어휘력·사고력)

구두장이 부부는 마침내 가난에서 벗어날 수 있었어요.

| 구두장이 부부는 남들보다 빨리 부자가 되었어요 | |
| 구두장이 부부는 이제 가난하지 않아요 | ♡ |
| 구두장이 부부는 가난했지만 감사할 줄 알았어요 | |

구두장이 부부는 12월 어느 날 밤, 무엇을, 왜 하려고 했어요? 알맞은 답에 체크하세요. (독해력)

| 무엇? | 왜? |
|---|---|
| ☐ 구두를 더 많이 팔 궁리를 해요 | ☑ 누가 도와주는지 알아내려고 |
| ☑ 방에 몸을 숨기고 있으려고 해요 | ☐ 밤을 꼬박 새우려고 |
| ☐ 직접 감사 인사를 드리려고 해요 | ☐ 감사 기도를 하려고 |

아이 생각 키우는 부모 Tip
누가 부부에게 신발을 만들어 줬을까?

60

## 구두장이와 꼬마 요정 | 네 번째 이야기

### 생각하며 준비해요

지난 이야기를 떠올리면서 다음 글자를 따라 써 보세요. (어휘력)

누가 우리를
도와주시는 걸까요?

방 구석에 몸을
숨겼어요

여러분을 가장 많이 도와주는 사람은 누구예요? 그 사람을 그리고, 그분에게 감사의 마음을 전할 방법을 써 보세요. (사고력·표현력)

| 그림 | 방법 |
|---|---|
| (자유롭게 그리기) | 〈보기〉<br>· 편지를 쓸 거예요.<br>〈나〉<br>· (예시 1) 맛있는 초콜릿 과자를 드릴 거예요.<br>· (예시 2) 노래를 열심히 불러 드릴 거예요. |

한 번에 키우기 61

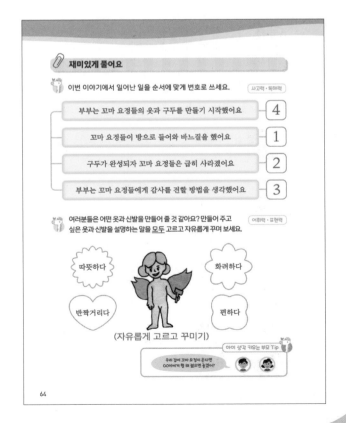

### 재미있게 풀어요

이번 이야기에서 일어난 일을 순서에 맞게 번호로 쓰세요. (사고력·독해력)

| 부부는 꼬마 요정들의 옷과 구두를 만들기 시작했어요 | 4 |
| 꼬마 요정들이 방으로 들어와 바느질을 했어요 | 1 |
| 구두가 완성되자 꼬마 요정들은 급히 사라졌어요 | 2 |
| 부부는 꼬마 요정들에게 감사를 전할 방법을 생각했어요 | 3 |

여러분들은 어떤 옷과 신발을 만들어 줄 것 같아요? 만들어 주고 싶은 옷과 신발을 설명하는 말을 모두 고르고 자유롭게 꾸며 보세요. (어휘력·표현력)

따뜻하다   화려하다
반짝거리다   편하다

(자유롭게 고르고 꾸미기)

아이 생각 키우는 부모 Tip
우리 집에 꼬마 요정이 온다면 OO이에게 뭘 해 달라고 부탁할까?

64

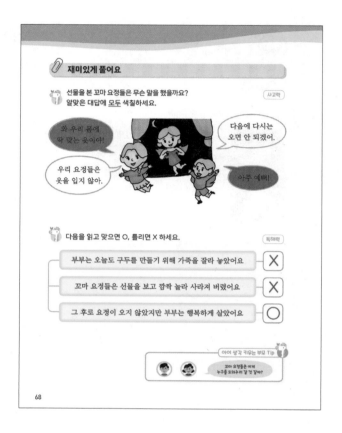

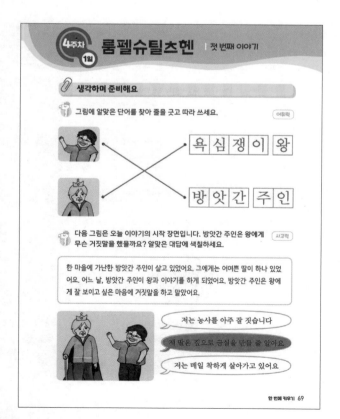

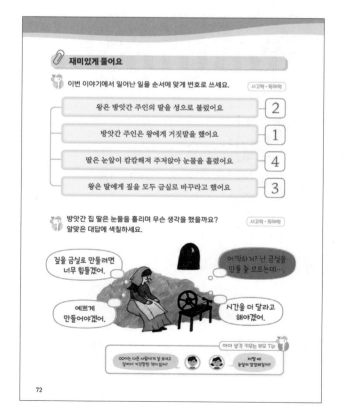

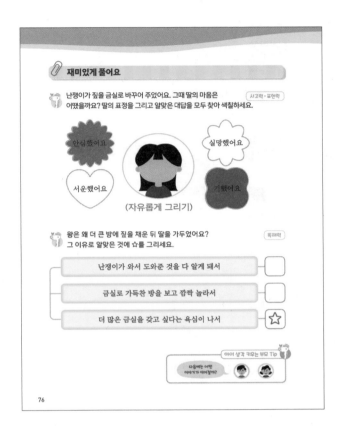

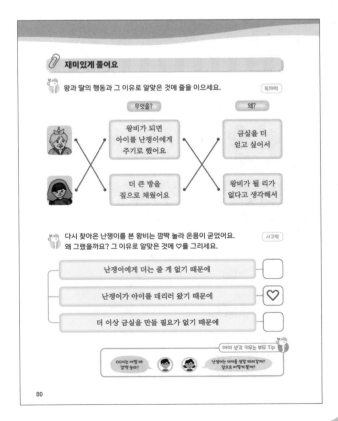

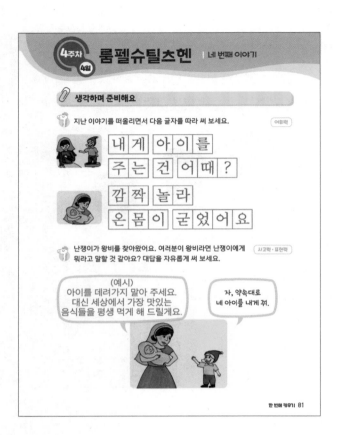

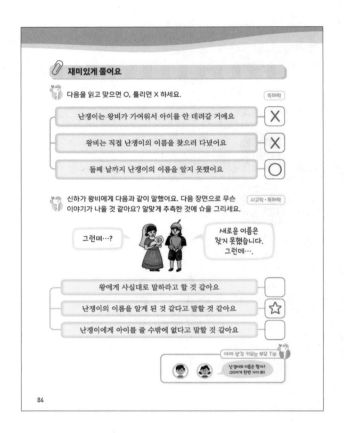

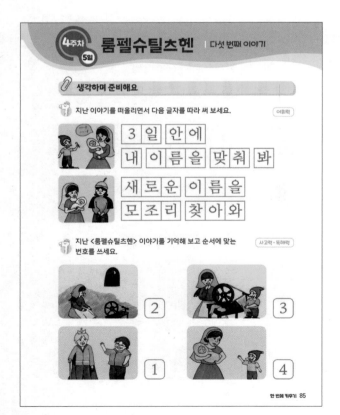

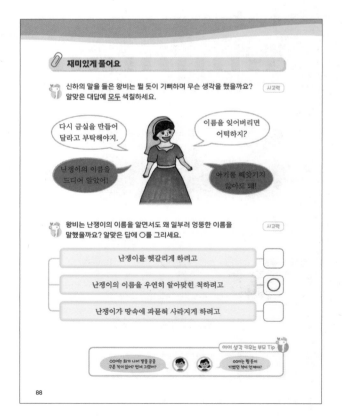